BEI GRIN MACHT SICH IHR WISSEN BEZAHLT

AF141757

- Wir veröffentlichen Ihre Hausarbeit,
  Bachelor- und Masterarbeit

- Ihr eigenes eBook und Buch -
  weltweit in allen wichtigen Shops

- Verdienen Sie an jedem Verkauf

Jetzt bei www.GRIN.com hochladen und kostenlos publizieren

Susanne Lossi

Verstaatlichungstendenzen auf Reichsebene und die Reichspublizistik

Auf welche Weise gleicht sich das „Alte Reich" zwischen 1500-1800 der modernen Staatlichkeitsauffassung an?

GRIN Verlag

Bibliografische Information der Deutschen Nationalbibliothek:

Die Deutsche Bibliothek verzeichnet diese Publikation in der Deutschen National-bibliografie; detaillierte bibliografische Daten sind im Internet über http://dnb.d-nb.de/ abrufbar.

Dieses Werk sowie alle darin enthaltenen einzelnen Beiträge und Abbildungen sind urheberrechtlich geschützt. Jede Verwertung, die nicht ausdrücklich vom Urheberrechtsschutz zugelassen ist, bedarf der vorherigen Zustimmung des Verlages. Das gilt insbesondere für Vervielfältigungen, Bearbeitungen, Übersetzungen, Mikroverfilmungen, Auswertungen durch Datenbanken und für die Einspeicherung und Verarbeitung in elektronische Systeme. Alle Rechte, auch die des auszugsweisen Nachdrucks, der fotomechanischen Wiedergabe (einschließlich Mikrokopie) sowie der Auswertung durch Datenbanken oder ähnliche Einrichtungen, vorbehalten.

Impressum:

Copyright © 2008 GRIN Verlag, Open Publishing GmbH
Druck und Bindung: Books on Demand GmbH, Norderstedt Germany
ISBN: 978-3-656-01146-0

Dieses Buch bei GRIN:

http://www.grin.com/de/e-book/178850/verstaatlichungstendenzen-auf-reichsebene-und-die-reichspublizistik

GRIN - Your knowledge has value

Der GRIN Verlag publiziert seit 1998 wissenschaftliche Arbeiten von Studenten, Hochschullehrern und anderen Akademikern als eBook und gedrucktes Buch. Die Verlagswebsite www.grin.com ist die ideale Plattform zur Veröffentlichung von Hausarbeiten, Abschlussarbeiten, wissenschaftlichen Aufsätzen, Dissertationen und Fachbüchern.

Besuchen Sie uns im Internet:

http://www.grin.com/

http://www.facebook.com/grincom

http://www.twitter.com/grin_com

Susanne Lossi

Seminararbeit

Die historische Entwicklung der Staatlichkeit bis 1800

„Verstaatlichungstendenzen auf Reichsebene und die Reichspublizistik"

Auf welche Weise gleicht sich das „Alte Reich" zwischen 1500-1800 der modernen Staatlichkeitsauffassung an?

Herbsttrimester 2008

SOWI 07

Gliederung

1. Das „Alte Reich" – Vom Kaiser geführt, von den Reichsständen bestimmt

„Es lebte im Reich nur mehr ein schwaches nationalpolitisches Gesamtbewußtsein und ein schwacher Lebenswille der Gesamtheit." [1]

Die Problematik, inwiefern das deutsche Reich in den Jahren 1500-1800 ein System komplementärer Staatlichkeit versinnbildlichte und somit der modernen Staatlichkeitsauffassung gerecht wurde, steht im Mittelpunkt der nachfolgenden Betrachtungen.

Die Begrifflichkeit des „Alten Reiches" symbolisiert in diesem Zeitraum ein politisches Ordnungssystem im deutschsprachigen Raum der Frühen Neuzeit, welches auf der Grundlage von gemeinsamer Sprache, Kultur und Abstammung der deutschen Gemeinschaft jene Sicherheit gewährte, um eine nationale Einheit auszubilden und an dessen Spitze das Reichsoberhaupt, in Form von König oder Kaiser stand. Ein charakteristisches Merkmal des „Alten Reiches" wird durch den Dualismus zwischen der Krone und den Reichsständen versinnbildlicht. Die Reichsstände vereinen sowohl die Fürsten, als auch die einzelnen Territorialherren, welche über die souveräne und unabhängige Hoheitsgewalt in ihrem Gebiet verfügen. Jedoch wird das Reichsoberhaupt, in Gestalt von König bzw. Kaiser als übergeordnete Zentralmacht anerkannt. Innerhalb dieses politischen Machtgefüges kommt es im 15. Jahrhundert zur Reichsreform, dessen Zielsetzung durch die Schaffung einer Verfassungsordnung im „Alten Reich", welche den Ansprüchen und Bedürfnissen eines frühmodernen Staates entspricht, symbolisiert wird. Auf diese Weise sollten die essentiellen Souveränitätsrechte im gesamten Reichsstaat, entweder unter ständischer oder kaiserlicher Führung vereint werden. Die Reichsreform sollte somit dem stetigen machtpolitischen Antagonismus zwischen König und Ständen entgegenwirken. Die Thematik, die in diesem Zusammenhang aufgeworfen wird, ist die Fragestellung auf welche Art und Weise sich der Reichsstaat zwischen 1500-1800 einer modernen Staatlichkeitsauffassung angleicht. Im Folgenden werden die Verstaatlichungstendenzen auf der Reichsebene, anhand der Entstehung der Reichspublizistik, der Herausbildung des Steuerwesens, am Beispiel des Gemeinen Pfennigs und der Entwicklung einer gemeinsamen Rechtssprechung, am Beispiel des Reichskammergerichtes, dargelegt. Insbesondere werden die Ansichten und Auffassungen des Historikers Georg Schmidt, im Hinblick auf die Entwicklung des „Alten Reiches" hin zu einem System komplementärer Staatlichkeit, kritisch erörtert.

---

[1] Von Srbik, Heinrich- Ritter: Die Reichsidee und das werden der deutschen Einheit. In: Historische Zeitschrift 164 (1941); S. 464.

Der Hauptteil dieses Aufsatzes konzentriert sich auf die Betrachtung jener Elemente und untersucht inwieweit sie die Anschauungen von Georg Schmidt, welcher das deutsche Reich zwischen 1500-1800 als einen komplementären Reichsstaat auffasst, bekräftigen oder widerlegen. Die Reichsreform von 1495, als Versuch die Hoheitsgewalt und Souveränitätsrechte des Staates auf eine Person bzw. Institution zu konzentrieren und somit die Grundlage der Entstehung jener Elemente zur Ausbildung eines Systems von Gesamtstaatlichkeit darstellt, symbolisiert den Ausgangspunkt dieser Überlegungen.

Um der Fragestellung, in wiefern sich der Reichsstaat zwischen 1500-1800 der modernen Staatlichkeitsauffassung angleicht, gerecht zu werden ist sowohl eine vielschichtige, als auch breit gefächerte Primär- und Sekundärliteratur erforderlich. Im Besonderen findet hier das Werk von Georg Schmidt: „Geschichte des alten Reiches, Staat und Nation in der Frühen Neuzeit 1495- 1806", in welchem er den Reichstaat als ein komplementär ausgerichtetes, staatliches Ordnungssystem charakterisiert und die Schrift von Michael Stolleis: „Staatsdenker im 17. und 18. Jahrhundert, Reichspublizistik, Politik, Naturrecht", in welchem er hinsichtlich dieser bedeutsamen Lehren für das „Alte Reich" eine historisch, kritische Stellung bezieht, Beachtung. Diese Primärliteraturangabe wird durch die Arbeit von Volker Press: „Das Reichskammergericht in der deutschen Geschichte", in welchem der Autor die Entwicklung und die Grundsätze der Rechtssprechung des Reichskammergerichtes im deutschen Reich darstellt, vervollkommnet.

Die methodische Grundlage für die Anfertigung dieser Arbeit ist die Textanalyse dieser Schriften. Insbesondere das Werk: „Geschichte des alten Reiches, Staat und Nation in der Frühen Neuzeit 1495- 1806" liefert den Ausgangspunkt der nachstehenden Betrachtungen.

Die aufgeführte Sekundärliteratur dient dem Quellenachweis und stellt eine fächerübergreifende Ergänzung, im Hinblick auf die Bearbeitung der aufgeführten Thematik dar.

2. Das „Alte Reich" – Ein System komplementärer Staatlichkeit?

Die politische Situation im „Alten Reich" zu Beginn des 15. Jahrhunderts war durch die machtpolitischen Auseinandersetzungen zwischen Reichsoberhaupt und Reichsständen gekennzeichnet. Das Reichsoberhaupt hatte im Hochmittelalter viele seiner Rechte, wie die Hochgerichtsbarkeit oder die Steuererbung an die Reichsstände abtreten müssen. Der Kaiser war somit auf die Zustimmung der Reichsstände angewiesen, um Entscheidungen treffen zu können. Auf Grund der konträr voneinander abweichenden Interessen dieser beiden Institutionen stellte dieses gemeinsame Handeln, insbesondere in der Außenpolitik eine nur schwer erreichbare Zielsetzung dar. Daher sollten die wichtigsten Souveränitätsrechte durch die während des Wormser Reichstages 1495 vorangetriebenen Reichsreformbestrebungen, auf lediglich eine Machtposition im Reich vereinigt werden. Bedeutende Maßnahmen, welche mit diesen Forderungen einhergingen, waren die Entwicklung des Reichskammergerichtes, die Herausbildung des Gemeinen Pfennigs und die Entstehung einer umfassenden Reichspublizistik. [2]

Nachfolgend werden die Ansichten und Anschauungen von Georg Schmidt, hinsichtlich seiner komplementären Staatlichkeitsauffassung im deutschen Reich dargelegt und erörtert. Anschließend werden auf dieser Grundlage die Einflussnahme des Gemeinen Pfennigs, sowie des Reichskammergerichts und der Reichspublizistik auf diesen Prozess der Staatsbildung dargestellt und kritisch geprüft.

2.1. Das „Alte Reich" – Ein komplementärer Reichsstaat (nach Georg Schmidt)

Der Reichsstaat versinnbildlicht „das politische Ordnungssystem, das zwischen 1500 und 1800 der vor allem auf Sprache, Kultur und Abstammung basierenden Gemeinschaft der Deutschen den Rückhalt gab, um eine nationale Einheit auszubilden." [3] Das Reich versinnbildlichte in seiner Gesamtheit somit kein „Systema civitatum", sondern symbolisierte in seiner Einheit stattdessen nur einen einzigen Staat, welcher sich aus den gesamten Reichsständen, Vasallen und Untertanen zusammensetzte.

---

[2] Fischer, Mattias G. (Hrsg.): Reichsreform und "Ewiger Landfrieden", Untersuchungen zur deutschen Staats- und Rechtsgeschichte, Neue Folge, Band 35, Aalen 2007.

[3] Schmidt, Georg (Hrsg.): Geschichte des Alten Reiches, Staat und Nation in der frühen Neuzeit 1495- 1806, München 1999, S. 349.

Das Reichsoberhaupt wurde vom Kaiser dargestellt, welcher jedoch die majestätischen Souveränitätsrechte nur zu einem geringen Maß allein oder mit der Zustimmung der Kurfürsten ausüben konnte. Größtenteils erfolgte die Machtdurchsetzung mit dem Vorwissen und der Bewilligung aller Reichsstände. Jene Landesherren regierten in ihrem Territorien selbstständig, mit völliger Freiheit und Hoheit, unter der Beachtung der Reichsgesetzte. [4] Der Einheitsgedanke des Reichsstaates blieb jedoch trotz der unterschiedlichen Ansprüche und Interessen der vielgestaltigen Gliedstaaten unerschüttert.

2.1.1. Die Entwicklung deutscher Gesamtstaatlichkeit

Im Folgenden wird die Entwicklung deutscher Gesamtstaatlichkeit, anhand der historischen Ereignisse, aufgezeigt. Der Beginn der Entwicklung deutscher Gesamtstaatlichkeit symbolisiert der Wormser Reichstag im Jahr 1495. Aus den mittelalterlichen Verfassungsnormen des heiligen römischen Reiches deutscher Nation, mit seinem Gefüge von Lehens- und Herrschaftsrechten, wurde eine frühneuzeitliche Verfassung. Zwischen den Alpen und der Nordsee, sowie entlang dem Rhein und der Oder entsteht ein System komplementärer Staatlichkeit. Das Schlagwort „komplementäre Staatlichkeit" versinnbilicht den sukzessiv durchgesetzten ewigen Landfrieden, ein Reichskammergericht mit umfassender Zuständigkeit und einen Reichstag, welcher als Forum, in welchem sowohl der Kaiser, als auch die Stände ihr reichspolitisches Wollen festlegten, fungierte.

Die ausgehende Reformation des 16. Jahrhunderts führte zu einer Zerstörung des religiösen Fundamentalkonsenses. „Der einheitliche Glaube gehörte in Deutschland seit den 1520er Jahren der Vergangenheit an." [5] Diese konfessionelle Spaltung führte unweigerlich zum Verlust des einheitlichen christlichen Glaubens und zum Scheitern der geistlichen Alleinherrschaftsbestrebungen des Kaisers. Der Augsburger Religionsfriede 1555 stellte einen politischen Kompromiss, in welchem nach dem Verlust der religiösen Einheit, nun das politisch- staatliche System den Zusammenhalt im Reich garantieren musste, dar. Das Recht trennte sich von der Religion und jeder Territorialherr war nun befugt die Konfession innerhalb seines Herrschaftsbereiches selbstständig festzulegen. Der später folgende Dreißigjährige Krieg symbolisiert, sowohl den gescheiterten Versuch des Kaisers eine alleinige Herrschaftsposition im Reich zu errichten, als auch die Bestrebungen der

---

[4] Duchhard, Heinz (Hrsg.): Deutsche Verfassungsgeschichte 1495-1806, Stuttgart 1991, S. 20-40.

[5] Schmidt, Georg (Hrsg.): Geschichte des Alten Reiches, Staat und Nation in der frühen Neuzeit 1495- 1806, München 1999, S. 350.

Reichsstände ihre Freiheit und Eigenständigkeit zu manifestieren.

Der Westfälische Friede 1648 versicherte die Gewissensfreiheit mit voller Eigentumsgarantie und die Milderung der Lebensumspannenden Kraft der Religion. Der Kaiser musste, sowohl die Hoheitsrechte der einzelnen Territorialherren, als auch den Reichstag als bestimmendes Instrument anerkennen und verlor somit eine wichtige Machtgrundlage. Ebenfalls wurden etwaige territoriale Veränderungen sanktioniert. Diese Aufrechterhaltung des „Status quo" sicherte den Fortbestand des Reiches, in seiner althergebrachten Art und Weise. [6]

Das Jahr 1740 stellte einen Wendepunkt in der deutschen Geschichte dar. König Friedrich II war mit der etablierten Rangordnung unzufrieden und der deutsche Dualismus entzündete erneut innere Kriege, welche im Reichsstaat wüteten und zu einer drohenden Spaltung des Reiches sowie zu einer Verstärkung der Diskussionen über die Errichtung einer Nation führten. Das spätere preußische Nationalkonzept des siebenjährigen Krieges stieß jedoch im übrigen Reich auf Ablehnung. Anstelle dessen vertraute man, das auf dem Reichsstaat bezogene nationale Konzept der komplementären Staatlichkeit die Freiheitssicherung an. Mit dem Baseler Frieden 1795 schied Preußen endgültig aus dem Reichskrieg aus. [7] Diese Entwicklung ging mit dem Verlust der deutschen Staatlichkeit einher. Die deutsche Nation geriet in Gefahr, da sie ihren politischen Rückhalt und ihren Schutz verloren hat. Obwohl das „Alte Reich" formal noch existierte, formulierte Hegel zwischen 1799 und 1802: „Deutschland ist kein Staat mehr." [8] Alles in allem symbolisiert die Herausbildung der komplementären Staatlichkeit die Folge einer Entwicklung, welche nicht zu einer Konzentration der Herrschaftsrechte beim Reichsoberhaupt geführt hatte.

2.2. Die Reichspublizistik und die Entwicklung der Staatsrechtslehre im „Alten Reich"

Diese Überlegungen der Entwicklung eines Systems komplementärer Staatlichkeit, innerhalb der Grenzen des „Alten Reiches" werden im Folgenden, anhand der Entwicklungen und Forschungsergebnisse der Reichspublizistik, hinsichtlich ihres Geltungsanspruch kritisch geprüft. Die Reichspublizistik selbst ist geprägt von dem Nachdenken über den Staat und seine Regierungsform, seine religiösen oder ethischen Rechtfertigungen, sowie den Grenzen

---

[6] Schmidt, Georg (Hrsg.): Geschichte des Alten Reiches, Staat und Nation in der frühen Neuzeit 1495- 1806, München 1999, S. 225.

[7] Simon, Christian (Hrsg.): Basler Frieden 1795, Revolution und Krieg in Europa, Basel 1995, S. 50-56.

[8] Schmidt, Georg (Hrsg.): Geschichte des Alten Reiches, Staat und Nation in der frühen Neuzeit 1495- 1806, München 1999, S. 354.

bzw. den Formen von seiner Herrschaft. Diese Gedanken kommen in den Entwürfen einer idealen Politik bzw. Verwaltung, in Systemen des Natur-, sowie des Völkerrechts und in der Auseinandersetzung mit der konkreten Verfassung des heiligen römischen Reiches deutscher Nation, zum Ausdruck. Das Themengebiet der Reichspublizistik deckt somit eine Vielzahl der öffentlichen Angelegenheiten, die rechte Verfassung der herrschenden Schicht und ihr Verhältnis zu göttlich bzw. weltlich gesetztem Recht, ab. Reichspublizistiker stellen somit Staatsdenker, welche in einem engen Zusammenhang mit der Philosophie, der Politik, der Polizeiwissenschaften und der Verwaltungslehre wirken, dar.

2.2.1. Die Entwicklungsgeschichte der Reichspublizistik

Ab Mitte des 16. Jahrhunderts kommt es im Reich zu einer verstärkten Ausbreitung von Universitäten. Ihre Anzahl stieg in den Jahren 1540 bis 1700 von nur 17 auf 39 Lehranstalten. (29, Staatsdenker) Diese Entwicklung versinnbildlicht die Machtverschiebung auf die einzelnen Territorien und steht somit der modernen Staatlichkeitsauffassung konträr gegenüber. Jeder Landesstaat war bestrebt ein solches „Juwel" in seinen Grenzen aufbieten zu können. Nicht nur die Aussicht auf gesteigerte Reputation und Einnahmen, sondern vor allem die Möglichkeit der Ausbildung einer eigenen Geistlichkeit und Beamtenschaft, welche durch das Ende der religiösen Einheit und den Aufstieg des Staates notwendig geworden war, stellten den Antrieb dieser Entfaltung dar. [9] Im Zuge dieser Entwicklung kommt es zur Herausbildung des Faches „Ius Publicum", dem allgemeinen öffentlichen Recht. Die Grundlagenforschung für dieses Themengebiet lieferte Peter von Andlau mit seinem Werk: „De Imperio Romano", welches bereits im Jahr 1460 veröffentlicht worden war. In dieser Schrift stellt er die Staatsrechtswissenschaft als eine selbständige und freie Wissenschaft dar.
Im ersten Drittel des 17. Jahrhunderts erschienen die ersten Lehrbücher des Faches „Ius Publicum". Bis zum Ende des „Alten Reiches" folgten zahlreiche weitere Veröffentlichungen, wie z.B. die umfassenden Darstellungen von den bekannten Vertretern Moser und Pütter.
Unterstützt vom Humanismus, dem philosophischen Empirismus und der Entfaltung von Geisteswissenschaften, wendete sich die Reichspublizistik im weiteren Verlauf ihrer Geschichte zunehmend „originären" Quellen des Reichsverfassungsrechts zu.

---

[9] Stolleis, Michael (Hrsg.): Staatsdenker im 17. und 18. Jahrhundert, Reichspublizistik, Politik, Naturrecht, Frankfurt am Main 1977, S.15.

[10] Stolleis, Michael (Hrsg.): Geschichte des öffentlichen Rechts in Deutschland I 1600-1800, München 1988, S.291.

Dies verstärkte die Wirkung von Kommentaren bzw. Editionen der „Goldenen Bulle" von 1356, den Reichsreformgesetzen von 1495, den Reichsabschieden und den Entscheidungen des Reichskammergerichts als normatives Mittel der Rechtssprechung im Reichsstaat. Rechtsentscheidungen sollen demnach nach den Bedürfnissen der jeweiligen Zeit und ohne Rücksicht auf das überholte römische Recht getroffen werden.

Die Ursachen für die Herausbildung und der raschen Fortentwicklung des Faches „Ius Publicum" lassen sich durch die Geschichte des deutschen Reichsstaates erklären. Zuerst sind die Loslösung des politischen Handelns von religiösen Bindungen und die Entwicklung von dem mittelalterlichen Lehensstaat zu einem modernen, zentralisierten Staat anzuführen. Zudem ist der Niedergang der abendländischen Zusammengehörigkeitsvorstellung von Reich und Kirche, sowie die Ausbreitung rivalisierender, dynastischer bzw. nationaler Einzelstaaten für diese Entwicklung ursächlich. Diese religiösen Auseinandersetzungen und Emanzipationsbestrebungen, mündeten in einer tiefen Krise der deutschen Reichsverfassung in den Jahren 1555 bis 1648. [11] Durch religiöse und politische Auseinandersetzungen des 16. Jahrhunderts, insbesondere des Thesenanschlag von Martin Luther, wurde nicht nur die religiöse Einheit beendet, sondern es kam ebenfalls zu einer Vervielfältigung des juristisch fassbaren Problemstoffs. Hauptstreitpunkt war die neue kirchliche Ordnung, welche durch den welterschütternden Prozess der Reformation hervorgerufen worden war. Diese Christliche Erneuerung lieferte somit den Grundstoff für die Intensivierung des öffentlichen Rechts im Reichsstaat.

2.2.2. Die Reichspublizistik –Ein Garant für die Entwicklung komplementärer Staatlichkeit?

Die Reichspublizistik wurde durch die Zersplitterung der Religion in unterschiedliche Konfessionen handlungsunfähig. Dies führte wiederum zu einer verstärkten politischen und ideologischen Eigenentwicklung innerhalb der Territorien. Neue Institutionen, sowie ein eigenständiger Pfarrer- und Beamtenstand, welche sich lediglich der jeweiligen Landeskonfession verpflichtet fühlten, mussten auf territorialer Ebene eingerichtet werden. [12]
Die ohnehin schwierige geistesgeschichtliche Lage der Reichspublizistik wurde durch die politischen Einwirkungen und Einflüsse, welche durch die jeweilige politische Lage und den konkreten Absichten der Landesherren, von denen die Vertreter der Publizistik abhängig waren, hervorgerufen wurden, weiter verkompliziert. Insbesondere die Begründung der

---

[11] Stolleis, Michael (Hrsg.): Geschichte des öffentlichen Rechts in Deutschland I 1600-1800, München 1988, S.225-227.

[12] Ebd., S.126.

kaiserlichen und der reichsständischen Schule für Publizistik zeigt deutlich die zunehmende Diskrepanz zwischen Reichsoberhaupt und Reichsständen. Auf dieser Grundlage kommt es zu einer Spaltung der Reichspublizistik in die Fürsprecher des Reiches und die Anhänger der Stände. [13]

„Die normative Ordnung, nicht die Realität machte Deutschland zum glücklichen Staat." [14] Obwohl die Reichsstaatslehre im politischen System des „Alten Reiches" eine zukunftsträchtige Regierungsform sah, sofern diese kontinuierlich reformiert und erneuert werden würde, zeigen diese Ausführungen des Staatsrechtlers Mosers deutlich das Missverhältnis zwischen der normativen Ordnung des Reiches und seiner Verfassungswirklichkeit. [15]

Es wurde herausgearbeitet, dass die Zielsetzung der Reichspublizistik, welche von Georg Schmidt vertreten wird, nämlich die Herausbildung einer staatlichen Einheit im Reich, die mit der Entwicklung des deutschen Untertanen zum deutschen Staatsbürger einhergeht, eine idealisierte Verfassungsvorstellung darstellt, in der die normativen Grundsätze nicht mit der Verfassungswirklichkeit übereinstimmten. „Die Juristenschule haftete an der papierenden Materie des Reichsrechts. Kein politisches Temperament, kein reformatorisches Wollen belebte sie; sie schöpfte aus den staatsrechtlichen, nicht aus den politischen Verhältnissen." [16]

Es bleibt zudem fraglich, in wieweit die Reichspublizistik in ihrer Wirkungsgeschichte, durch die Beschleunigung der separaten Entwicklungen innerhalb der einzelnen Territorien, zu einer Entfernung bzw. Entfremdung von Reichsoberhaupt und Reichsständen beigetragen hat.

2.3. Der Gemeine Pfennig – Eine allgemeine Reichssteuer im „Alten Reich"

Im Folgenden werden die Verstaatlichungstendenzen im Finanzwesen, hinsichtlich der Entstehung eines Systems komplementärer Staatlichkeit, am Beispiel der Einführung und der Entwicklungsgeschichte des Gemeinen Pfennigs differenziert betrachtet.

Der Gemeine Pfennig stellte eine allgemeine Reichssteuer, welche alle Reichsuntertanen in Abhängigkeit ihres Einkommens und individueller Lebenssituation, in Anspruch und Pflicht

---

[13] Stolleis, Michael (Hrsg.): Staatsdenker im 17. und 18. Jahrhundert, Reichspublizistik, Politik, Naturrecht, Frankfurt am Main 1977, S.15-18.

[14] Stolleis, Michael (Hrsg.): Geschichte des öffentlichen Rechts in Deutschland I 1600-1800, München 1988, S.268.

[15] Ebd., S.227-230.

[16] Masur, Gerhard: Deutsches Reich und deutsche Nation im 18. Jahrhundert. In: Pjb 229 (1932); S.58.

gegenüber dem Reich genommen hat, dar. Seine Einführung wurde auf Bestreben des Kaisers Maximilians I. während des Wormser Reichstages 1495 beschlossen und ermöglichte dem Reichsoberhaupt erstmalig in der Geschichte die finanziellen Mittel und Möglichkeiten einer selbstständigen Politik, welche dieser unabhängig vom Wohlwollen oder der Unterstützung der einzelnen Landesfürsten betreiben konnte. Um diese Forderung nach finanzieller und somit machtpolitischer Unabhängigkeit gegenüber den Reichsständen durchzusetzen, musste der Kaiser im Gegenzug die Errichtung eines ständisch dominierten Reichskammergerichtes, als auch die Etablierung des von den Territorialherren bestimmten Reichsregimentes akzeptieren. Das Reichsoberhaupt war somit gezwungen die Hochgerichtsbarkeit, als auch einen wesentlichen Bestandteil der Gesetzgebungskompetenzen an die Stände abzutreten. [17]

2.3.1. Der Gemeine Pfennig und sein Einfluss auf die staatlichen Entwicklungstendenzen

Die Einführung des Gemeine Pfennigs war Bestandteil und Sinnbild der gescheiterten Reichsreform. Die Ursachen dieses Scheiterns der Reichssteuer waren sowohl strukturell, als auch machtpolitisch geprägt. Seine Erhebung wurde von Beginn seiner Einführung an, von erbittertem Widerstand und aufgebrachtem Protest der Landesfürsten begleitet. Zudem wählte der Wormser Reichstag einen zu geringen Steuersatz, welcher in Form des Gemeinen Pfennigs abzuführen war, um die Belastungen für die einfachen Bevölkerungsschichten möglichst niedrig zu halten. Auf der anderen Seite führten politische Diskrepanzen zwischen Reich und Territorien, welche bestrebt waren die eigenen Interessen und nicht die des Reiches zu verwirklichen, zu einer nur mangelhaften Zahlungsmoral. So ging der Gemeine Pfennig aus vielen Territorien nicht in die Reichskasse ein. Die Monarchen, welche ihre althergebrachte Machtstellung aufrechterhalten und manifestieren wollten, standen dieser Zahlungsmoral der großen Reichsfürsten, die sich nicht in das Reichsganze einbinden lassen wollten, scheinbar ohnmächtig und hilflos gegenüber. Sowohl der ständische Widerstand und das Desinteresse im Umgang bzw. in der Umsetzung der Reichssteuer, mit dem Ziel der Wahrung eigener Interessen, als auch das mangelnde kaiserliche Durchsetzungsvermögen gegenüber den Reichsständen führten letztendlich zum Scheitern des Gemeinen Pfennigs als Symbol der Entwicklung eines Systems komplementärer Staatlichkeit.

---

[17] Schmid, Peter (Hrsg.): Der gemeine Pfennig von 1495, Göttingen 1989, S. 142- 284.

11

Alles in allem kann man sagen, dass der Gemeine Pfennig keine langfristige, gesicherte finanzielle Basis für die Durchführung der Reformvorhaben schaffen konnte, da die Territorialherren nicht die Vormachtstellung, hinsichtlich der Steuererhebung in ihren Machtbereichen an die Krone abtreten wollten. Somit scheiterte das Ziel des Kaisers die Steuerhoheit von den einzelnen territorialen Herrschaftsträgern auf das Reich zu überführen. Zudem musste sich das Reichsoberhaupt mit einer Verringerung seiner Machtstellung, durch die Errichtung des Reichskammergerichtes und des Reichsregimentes, welche beide von den Reichsständen dominiert wurden, abfinden.

Obwohl der Gemeine Pfennig einen finanziellen Misserfolg dargestellt hat und die in ihn gesetzten Hoffnungen bzw. Erwartungen des Wormser Reichstages nicht erfüllt hat, sicherte der Reichspfennig dennoch die zeitlich begrenzte Existenz des Reichskammergerichtes. Trotz des Scheiterns dieser Reichssteuer überdauerte der Gedanke nach einer allgemeinen Steuer über Jahrhunderte hinweg im gesamten Reich und stellte somit die Grundlage für spätere Staatlichkeitsentwicklungen dar.

Alles in allem wurde festgestellt, dass die Überführung der Steuerhoheit auf das Reich misslang und somit der Gemeine Pfennig nicht zu einer Entwicklung komplementärer Staatlichkeit im „Alten Reich" beigetragen hat. Dennoch symbolisiert der Gemeine Pfennig eine Annäherung zwischen Reich und den einzelnen Territorialstaaten, da die Idee einer umfassenden Steuer und der Gedanke einer gegenseitigen finanziellen Unterstützung zwischen Reich und den einzelnen Territorien zu einem beschleunigten Zusammenwachsen des Reichsverbandes führten. [18]

2.4. Das Reichskammergericht – Verstaatlichungstendenz oder Sinnbild der alten Ordnung?

Nachfolgend wird, am Beispiel des Reichskammergerichtes, die Angleichung des Reichsstaates zu einem System komplementärer Staatlichkeit, vorgenommen. Ebenso wie der Gemeine Pfennig im Finanzwesen stellt das Reichskammergericht in der Rechtssprechung ein grundlegendes Forschungselement, bezüglich der Entwicklung von Staatlichkeit im „Alten Reich" dar. Der Gedanke einer gemeinsamen Rechtssprechung, in Form des Reichskammergerichtes, entwickelte sich aus den Konfrontationen zwischen den Reichsständen und dem Reichsoberhaupt, welche innerhalb der Reichsreformbewegung des 15. Jahrhunderts entfacht worden sind. Das Reichskammergericht sollte losgelöst vom

---

[18] Schmid, Peter (Hrsg.): Der gemeine Pfennig von 1495, Göttingen 1989, S. 573-578.

kaiserlichen Einfluss Recht und Gesetz im Reich sprechen. Dem Reichsoberhaupt wurde somit das Privileg der alleinigen Rechtssprechung, zugunsten der Beteiligung aller Reichsstände, entzogen.

2.4.1. Die Entwicklungsgeschichte und die Funktionen des Reichskammergerichtes

Die Grundlagen und Quellen des Reichskammergerichtes sind im späten Mittelalter zu finden. Der Mainzer Reichslandfrieden von 1235 führte erstmalig zu der Entstehung eines königlichen Hofgerichtes. Diese Einrichtung wurde 1415 durch das königliche Kammergericht verdrängt. Die Entstehung des Reichskammergerichtes war das Resultat des Misstrauens der Stände gegenüber dem vom König modernisierten Kammergericht. Das Reichskammergericht, welches im Jahr 1495 durch den Wormser Reichstag von Person, Hof und Amtssitz des Kaisers losgelöst worden ist, spiegelt somit die Angst der einzelnen Territorialherren vor stärkerem Einfluss des Königs in ihren Einfluss- und Machtbereichen, wieder. Obwohl die Kammerrichter vom Reichsoberhaupt eingesetzt wurden, waren jene dennoch befugt selbstständig, im Namen des Kaisers, Gerichtsurteile aussprechen und vollziehen zu dürfen. Neben dieser Zurückdrängung des kaiserliche Einfluss in der Rechtssprechung war die Entstehungsgeschichte des Reichskammergerichtes ebenso durch die Gedanken geleitet ein Gericht, welches die Konflikte der Landfriedensordnung löst und gleichzeitig eine Schiedsinstanz zwischen den Territorien darstellt, zu schaffen. [19]

2.4.2. Das Reichskammergericht – Rechtssprechung im Spannungsfeld zwischen Krone und Reichsständen

Das Reichskammergericht stand seit seiner Etablierung im Spannungsfeld zwischen Kaiser und Ständen, da letztere stetig Bedenken hinsichtlich der Objektivität des, vom Kaiser geschaffenen, Reichskammergerichtes äußerten.
Das Reichskammergericht band den Adel in das Rechtssystem und die Landfriedensordnung ein. Darüber hinaus führte das Reichskammergericht zu einer Stärkung der Rezeption vom römischen Recht und zu einer Konservierung des traditionellen regionalen Rechts. Seit Beginn seiner Etablierung symbolisierte das Reichskammergericht ein Instrument der

---

[19] Press, Volker (Hrsg.): Das Reichskammergericht in der deutschen Geschichte, Schriftenreihe der Gesellschaft für Reichskammergerichtsforschung, Heft 3, Wetzlar 1987, S. 7-9.

territorial bestimmten Friedensordnung innerhalb des Reiches, welche sich gegen den absoluten Machtanspruch des Kaisers, aber auch gegen die Eigenständigkeitsbestrebungen der kleineren und unbedeutenden Territorien im Reich stellte. Das Reichskammergericht versinnbildlichte somit den Garanten für die Manifestierung der „alten" territorialen Reichsordnung, welcher sich stetig im Spannungsfeld zwischen Kaiser und Reichsständen bewegte. Das Reichskammergericht stellte somit ein wichtige Grundlage für das seit dem 16. Jahrhundert beschleunigte Zusammenwachsen des Reichsverbandes dar, indem es zur Durchsetzung eines einheitlichen Rechtsverständnisses, besonders in den kaiserfremden Zonen im Norden und Osten des Reiches, beitrug. Ein einheitliches Rechtverständnis, welches jedoch ständig der Gefahr ausgesetzt war, dem machtpolitischen Interessen und den egoistischen Streben von Reichsoberhaupt oder Reichsständen zum Opfer zu fallen, wurde im gesamten Reich geschaffen. Somit symbolisiert das Reichskammergericht durch die Durchsetzung eines allgemeingültigen Rechts, im Gegensatz zum Gemeinen Pfennig oder den differierenden Ansichten der Reichspublizistik, zumindest teilweise eine Angleichung des „Alten Reiches" an die moderne Staatlichkeitsauffassung. [20]

---

[20] Press, Volker (Hrsg.): Das Reichskammergericht in der deutschen Geschichte, Schriftenreihe der Gesellschaft für Reichskammergerichtsforschung, Heft 3, Wetzlar 1987, S. 7-9.

3. Die Entwicklungsgeschichte des „Alten Reiches" – Die Grundlage einer modernen Staatlichkeit

Die Fragestellung inwieweit sich der Reichsstaat zwischen 1500-1800 der modernen Staatlichkeitsauffassung angleicht, wurde im Hinblick auf die Reichspublizistik, des Gemeinen Pfennigs und des Reichskammergerichtes eingehend untersucht und erörtert.

Es wurde herausgestellt, dass lediglich das Reichskammergericht, welches eine gemeinsame Rechtssprechung in das Reich etablierte, in seinen Grundelementen der modernen Staatlichkeitsauffassung entspricht. Sowohl die Einführung einer allgemeinen Reichssteuer, in Form des Gemeinen Pfennigs, als auch die Entwicklung und die Wirkungsgeschichte der Reichspublizistik scheiterten an den althergebrachten, verfestigten Strukturen im Reich. Die längerfristige Durchsetzung des Gemeine Pfennig schlug auf Grund des konsequenten Widerwillens und des machtpolitischen Egoismus seitens des Reichsoberhauptes bzw. der Reichsstände, die alten Strukturen im Reich zu verändern und somit das Risiko einzugehen seinen eigenen Einflussbereich zu Gunsten des jeweils anderen zu verlieren, fehl.

Die Reichspublizistik versuchte zwar einheitliche Staatsrechtslehren im gesamten Reich zu verinnerlichen, scheiterte jedoch ebenfalls am machtpolitischen Antagonismus zwischen dem Reichsoberhaupt bzw. den Reichsständen. Somit lässt sich die Entwicklungsgeschichte der Reichspublizistik mit der Durchsetzung von Verstaatlichungstendenzen im Reichsstaat vergleichen. Ebenso wie die Reichspublizistik zersplitterten sich die Verstaatlichungstendenzen, insbesondere seit dem Westfälischen Friedensschluss, auf die einzelnen, im Besonderen auf die großen und mächtigen Territorien im Reich, welche zunehmend nach eigener staatlicher Selbstständigkeit strebten. Die Auffassungen von Georg Schmidt, welcher das deutsche Reich zwischen 1500-1800 als einen komplementären Reichsstaat charakterisiert, entsprechen somit nur bedingt der Verfassungswirklichkeit. [21]

Die Kennzeichen der modernen Staatlichkeit, nämlich die Herausbildung einer souveränen Staatsgewalt, einem Staatsgebiet, welches durch eine lineare Grenzenführung gekennzeichnet ist und einem gleichberechtigten Staatsvolk, welche in der klassischen Staatsrechtslehre durch die Drei-Element-Lehre Jellineks symbolisiert werden, treffen somit auf den Reichsstaat in seiner Gesamtheit nicht zu.

Es bleibt somit festzuhalten, dass sich das „Alte Reich" in den Jahren 1500-1800 nur im Hinblick auf eine gemeinsame Rechtssprechung, zumindest teilweise, der modernen Staatlichkeitsauffassung angleicht. Sowohl die Idee des Gemeinen Pfennigs, als auch der Reichspublizistik konnten, auf Grund der verhärteten Machtstrukturen zwischen

Reichsoberhaupt und Reichsständen nicht zu einer Verstärkung der Verstaatlichung beitragen. Jedoch lieferten ihre Gedanken essentielle Ausgangspunkte für den späteren Prozess der Staatswerdung im Reich. Diese Zeitepoche, welche von der Auflösung der geistigen Einheit Europas, der Entdeckung der neuen Welt, dem Humanismus, dem Aufstieg des Frühkapitalismus, sowie der Naturwissenschaften und der Herausbildung von Nationalitäten gekennzeichnet ist, stellt somit die Grundlage unserer heutigen, von Demokratie geprägten, Gesellschaften dar. [22]

„Denn wo, wie im geschichtsphilosophischen Modell, Selbstauflösung des Staates und Aufgang des Vernunftreiches sich gegenseitig bedingen, besteht die paradoxe Möglichkeit, die politisch zerrüttetste Nation zur fortschrittlichsten, ja zum Prototyp der moralischen Weltrepublik zu erheben...." [23]

---

[21] Burgdorf, Wolfgang (Hrsg.): Reichskonstitution und Nation, Mainz 1998, S. 140-164.

[22] Stolleis, Michael (Hrsg.): Staatsdenker im 17. und 18. Jahrhundert, Reichspublizistik, Politik, Naturrecht, Frankfurt am Main 1977, S. 11.

[23] Voßkamp, Wilhelm (Hrsg.): Klassik im Vergleich. Normativität und Historizität europäischer Klassiken, Stuttgart, Weimar 1993, S. 560.

4. Literaturverzeichnis

Primärliteratur

Press, Volker (Hrsg.): Das Reichskammergericht in der deutschen Geschichte, Schriftenreihe der Gesellschaft für Reichskammergerichtsforschung, Heft 3, Wetzlar 1987.

Schmidt, Georg: Geschichte des alten Reiches, Staat und Nation in der Frühen Neuzeit 1495-1806, München 1999.

Stolleis, Michael: Staatsdenker im 17. und 18. Jahrhundert, Reichspublizistik, Politik, Naturrecht, Frankfurt am Main 1977.

Sekundärliteratur

Burgdorf, Wolfgang (Hrsg.): Reichskonstitution und Nation, Mainz 1998.

Duchhard, Heinz (Hrsg.): Deutsche Verfassungsgeschichte 1495-1806, Stuttgart 1991.

Fischer, Mattias G. (Hrsg.): Reichsreform und "Ewiger Landfrieden", Untersuchungen zur deutschen Staats- und Rechtsgeschichte, Neue Folge, Band 35, Aalen 2007.

Masur, Gerhard: Deutsches Reich und deutsche Nation im 18. Jahrhundert. In: Pjb 229 (1932).

Schmid, Peter (Hrsg.): Der gemeine Pfennig von 1495, Göttingen 1989.

Simon, Christian (Hrsg.): Basler Frieden 1795, Revolution und Krieg in Europa, Basel 1995.

Stolleis, Michael: Geschichte des öffentlichen Rechts in Deutschland I 1600-1800, München 1988.

Von Srbik, Heinrich- Ritter: Die Reichsidee und das werden der deutschen Einheit. In: Historische Zeitschrift 164 (1941).

Voßkamp, Wilhelm (Hrsg.): Klassik im Vergleich. Normativität und Historizität europäischer Klassiken, Stuttgart, Weimar 1993.